usao

usaoの先生日記

東洋館出版社

これまでに出会った
すべての先生、子どもたち、おうちの方々、
たくさんの人たちに感謝をこめて。

usao

はじめに

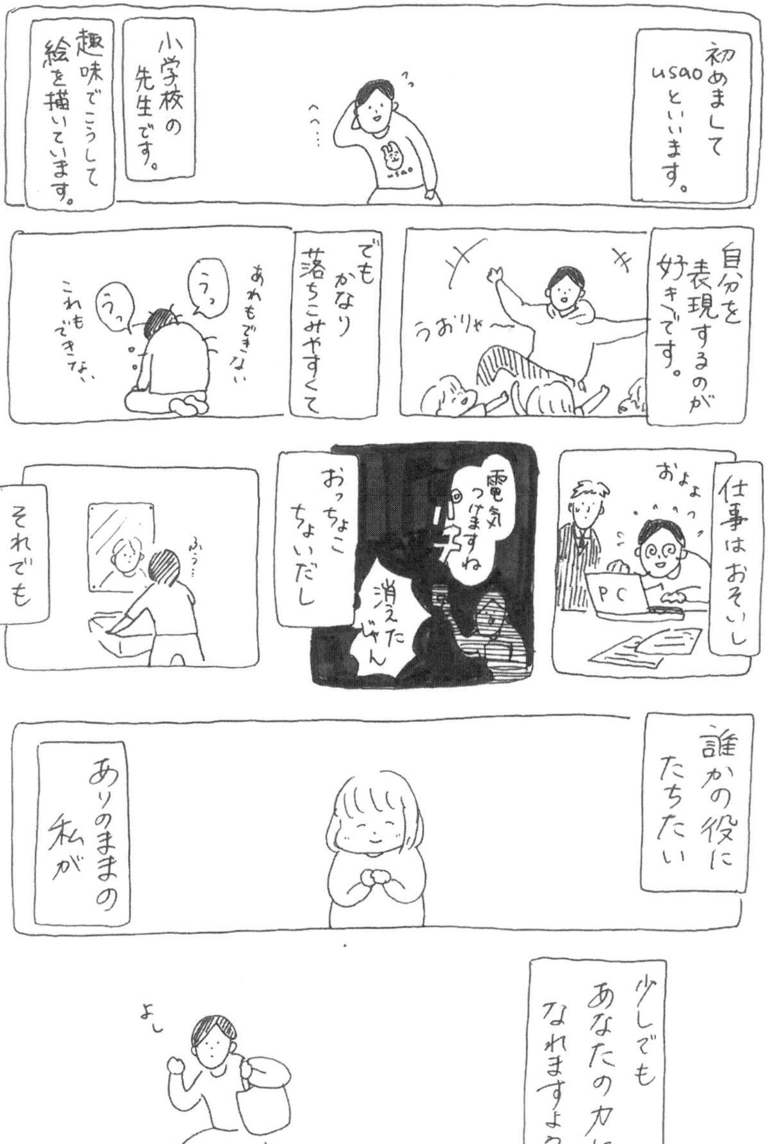
初めまして
usaoといいます。
へへ…
小学校の先生です。
趣味でこうして絵を描いています。
自分を表現するのが好きです。
うおりゃ〜
でもかなり落ちこみやすくて
うっ
うっ
あれもできない
これもできない
仕事はおそいし
およよ
PC
おっちょこちょいだし
電気つけますね
パチ
消えたじゃん
それでも
ふぅ…
誰かの役にたちたい
ありのままの私が
少しでもあなたの力になれますように
よし

もくじ

登場人物

わたし(usao)

29歳

小学校教諭3年目

講師歴4年

絵を描くのが好き

髪が短い

教師を目指したきっかけ

子どもの感性がすごいので
そのエネルギーはどこから
くるのか知りたかったから。
あと、私もその感性がほしかった。
子ども達に教えてもらいたい!!と
思ったから。

おもしろいなと思うこと

1つの言葉で、子どもの目が
宝石みたいに、輝くこと

苦手なこと・もの

- セロリ → がんばって食べる
- 注射 → 泣く
- ジェットコースター → 泣く

好きなこと・もの

- 散歩
- ダンス
- カレー

教師以外なら何になる?

- 役者
- アトリエの先生

大切にしているもの

- 言葉
- 心

これまで出会った
子どもたち

私の心を
豊かにしてくれる人たち。

はなれていても、
また会えるよ。
応援しているよ。

K氏

私の旦那。
私を一番応援して
くれる人。ときどきマンガに
されるから、Twitterを
こまめにチェックしている。

そんなわけで

教員1年目の自分をふり返ってみるの巻
教採は受からず大学卒業
がんばー！
K氏
遠距離
ぐすっ
地元に帰って講師として
へへ…スーツ…先生だ…
子ども達の先生となる。
わからないことあったら言ってね
はい
おつかれさまー
PC
お先にー すんませーん
PC
PC
…???????
PC
何がわかって何がわからないのかもわからない
とりあえずなんでもがんばった。
こんな時間…
まだあれもおわってないのに
時間だけがどんどん過ぎて

当時は子どもとの向き合い方もわからず
!?
プイッ
車で泣いた
ワーン
それでも一生懸命すると
まるまるまる
まるまる
子どもはそばにいてくれた
くっついてる…
まるまる
まるまる
毎日必死で苦しかったけれど
いってきます…
先生はいい先生になりたい
……
ぼくは
なれると思う
ぐっ
先生は一番いい先生になれるよ
と言ってくれた彼の言葉と
初めてとったクラスの集合写真。私もしっかり笑顔だったことは
よく覚えている

子どもに少しでも近づきたい
だから私は
教壇をどけ
パーン
代わりに子ども用の机をおいた
どうして先生は大きな机ないの?
たしかにー
先生はみんなと同じがいい!!
あと私のことよく見えるでしょ
ふーん いいんじゃない
ありがと
先生らしいね なんか

教師は
一人一人の子どもの
道をせおっていて.
一人一人に
よりそいたい
けれど
おっとと
ほそくて
きれて
しまわないか
心配。
いま
いくぞ
まってる
心配。

わたしもあるよ

うあー。
どうした?
こわくなった?
こく
そっか〜 こわくなっちゃったか
先生も こわいとき
うわーんって ないちゃったよ
だいじょうぶだよ

スッ
しせい
この問題わかる人ー
はい!!

ねばって ねばって
がんばった人が とってもかっこいい!!
だからみんな
かっこいい!
こんだて
じっ
先生! 明日 なっとう 出ます!!
まじっ!?!
まぜてやるぜ・・・・

ぜったいに言うなよ……

私が小さい時の話をします
やった…!!
授業が短……
先生の話大好きー!!
これはひみつの話だよ……
実は……
先生はいまでも注射で泣くんですね。
え!?なんで知ってるんですか!?
てへ

知りたくなった

勉強ばっかりでつかれるし
ようち園にもどりたーい
……わかる!!
先生も小学校より幼稚園がたのしかった
わたしもー!
あの楽しさが小学校にあったら最高だよね
どうすりゃいいんだ?
ねー
うん
うーん
幼稚園の先生してみよっかな

やってみてわかる

2×2＝4
小学校の先生から
せんせー
幼稚園の先生になった
ちぇんちぇー
ちぇんちぇーー
えーん
バタバタ
バタ
うおー
すげー
み、みんな〜すわるよ〜
おいで〜
ドドドド
すげーー!!

はじめてのうた

ちぇんちぇ
そのおうた
わたしにもおしえて
いいよ
そうだこんどみんなでうたおっか
うん!!
だだだだ
やったー!!
かわいい〜

おにはいないよ

そんなことしたら鬼がきちゃうよ!!
え!?
鬼いやだーー
ハッ
あっえっ…と…
お片づけしないとおへやがきたなくなるよね
うん
おにこない?
こないよ。
鬼をつかうと恐怖しか届かないのだ
ごめんね…

幼稚園の先生をして学んだことは？

- シンプルに わかりやすく 伝える こと
- 子どもの 発見や 成長を 大切にすること ですかね。

字をまだならっていない

気持ちや行動の
きりかえがむずかしい

チャイムや
机・いすがない

※ 園によっていろいろ ありますが。

どうすれば、どう伝えれば、子どもの心に届くのか、たくさん考えることができました。そして子ども達も ものすごく素直で、正直で、たくさん笑い、たくさん泣き、たくさん学び……
心が どんどん 育っていること、感情や言葉を獲得していっていることを 間近で 見ることが できました。

小学校では

伝えて終わり だった
ことが多かった気が…

幼稚園を経験して

子ども目線で物事を
考えたり、気持ちに
よりそうことが増えた！

お家の人とも
毎日お話できたことも
よかった!!

小学校はお家の人との
かかわりが少ないから
会ったり、電話したり、
たくさん話していきたい
とも思った！

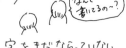

応援

わぁーー
どうしたの
この計算わからんよー
大丈夫!!
ぜったいできるようになる
とき、
とき、
サッ
ほーらできたァ!!
まるっ
ふあ〜

私アイドルになりたい
低学年の反応
わたしもなりたい
ぼくはウルトラ
わたし
中学年の反応
がんばれ!
いいね!
なれるかも! がんばれ先生
高学年の反応
ははは(笑)
高学年って愛想笑いできるんですね!!
スゲ
?

ツノなんて

自分の思い通りに行かない時に
ガガッ
よくおこっていたけれど
届いていないのだ。
また先生うるさいな～
本当のことを伝えていないから
子どもを変えるんじゃなくて
まず私からかわらなきゃ…
…ごめんおこってばっかりで
私は本当は…
それから、きちんとあやまった。
私の気持ちを伝えた。
その時
子ども達は一生懸命きいてくれた。
一生懸命
そこから何か
"つながった"感じがした
これまで叱ることで子どもはシャキッとすると思っていた
ちょっとコワイ先生がクラスをまとめられるいい先生
でもそれはちがうことがわかった!!
シャッ
グッ
ポイ
ゴミ
子どもの声をよく聞いて、私の意図をよく伝えて
つながることが大切なのだ
ツノなんていらない

ハッ
ねてた。。
あっっ…
風呂。。…
ザァ
ガラッ。
ブオオオオオ
明日の授業…
カチカチ
PC
チョキチョキ
AKBかわいいな。
AKBになりたい。
おっ…これは夜ふかし
久ぶりの夜ふかし…

ガサッ
見えぬ
どうすれば子どもは喜んでくれるのか
あの子が勇気をもってくれるにはどうしたらいいのか
私には
せんせ
今日もがんばれましたたのしかったよ.
みて

じわ
ううー

不安なよる

明日から私はまた先生
ガチャ
うまく先生できるかな
バタン
笑えるかな
パチ
……
ととと
ん?
ゴソ
せんせい いつも ありがとう
がんばろう

教員1年目の先生に伝えたいことってある？

これで合っているのか… うまくできるのか… 何をすれば…と多くの声が聞こえます。特に春はソワソワ…アワアワ…しますよね….

子どもとの向き合い方、学習指導などに「これ！」という正解はないと思うんです。私は。とりあえず、色々やってみて悩んで、時には弱音をはいて助けてもらって…

何か見つかったりするのです。色々見つけて、教えてもらって、自分は何を大切にしたいのか考えていきましょう。

すべてかかえこむと大変なので

1つずつ…

周りの先生は

…と、何かどんどん仕事をしていますが、あれは未来が見えているんです。あなたも何年か仕事をしていれば、不思議と未来が見えてくるので

大丈夫！

あのとき

いつもとはちがう春

新しい春が
今年もやってきた
が
えっ休校!?
えっずっと!?
えっ会議なし!?
次いつかわからない!?
学童!?
消毒!?
対応は…!?
フゥ
フゥ
みんなつかれていた
私にできることをやらなくちゃ
決意したあの日

今日は在宅勤務だった
カタ
カタ
どんなクラスを目指したいか
その為に何ができるのか
クラスだけじゃなくて全校そして
先生達 おうちの方 地域の方
カタ カタ
みんなの為にできることを考えた。あとは
ストレッチしながら本を読み
社会の教材研究
あとは
へー そうするんだ
話し方、聞き方で大切にすることを
PC
宿題の出し方シンプルな授業の進め方など
ノートをつくり
ふむ
色々やりたいことが増えた。
なるほど これもつくろう
これを機に
もっと勉強しておこう
ゴ
在宅勤務の時にしたこと
本
読んだ本をノートにまとめる
料理を一品増やす
部屋のもようがえ
ゴミ

休校中も先生は学校でお仕事されるんですね！
と、言われる。
来年の先生や保護者子どもが困らないように
この子ははずかしがり屋ですが、とっても努力家で……
PC
データを残し
教室の片付け消毒
エアコンもきれいに
学童のお手伝い
テストやドリルを選び
こっちの方がときやすいかな？
時には自作
いいクラスいい学校にする為に
あーしよう
こーしよう
みんなで考え
今日もやりたいことできんかった……
そんな毎日です。

休校中のわたし

自粛
自粛
何人も
三密
自粛
コロナ
人と距離
マスク
あ
ゴシゴシ
ゴシゴシ
ゴミ
あ
あ
ガサ
ガサ
ゴミ
ゴミ
今までは
今日も遅くなった
今日もうまくいかなかった
ああ…ごめんね
もっといい先生に…
懺悔ばかり夜空に
それでも夜空は
とても静かだ…
久しぶりに夜のこの感じを味わえて
少しホッとした

教師とは子どもありきである。
・・・・
子どもが来ないとエンジンがかからない。
例えば宿題プリント一まいでも、
このプリントより…
もうちょっと字が大きい方があの子はしやすいだろうな…
と、考えるし、
子どもの心と知識をたがやすことがメインなので
なんもできねえ…
となる。
会えないのはさみしい。
何か何か
子どものこころ
手紙…
手紙でも手紙しか
元気ですか？
先生は、このお休みで
散歩をよくするよう
きれいな花がたくさ
学校でも植えた
届いて
会えないけど
先生ー
先ほどおうちの方が…
?

これを
せんせいへ
届いてたんだ
と…
せんせい　おてがみ
ありがとう　ございます。
うれしかったです。
学校が　楽しみです。
届いたよ
届いているよ
そばに

学校でのすごし方が今までと少しかわってしまうことに、
心がザワザワしてしまうね。
みんなもそうだよ大丈夫。
学校のすごし方がかわったのは、となりの友だちの安心《あんしん》をつくるためなんだ。
心がザワザワするのは、はじめてのことだから、心がきんちょうしているんだよ。
少しずつなれてくるから大じょうぶ。
でもさいしょはつかれちゃうよねふあんになるよね。
そんな時はおうちの人や先生に何でも話していいよ。
すっきりした
きっと心がかるくなるよ。

☆休校中、子どもたちに配布したものです。

しょうげき

学校がはじまった

休校中は毎日こわい夢を見ていた。
また…
みんな不安な気持ちの中、学校が再開した。
子ども達も先生達も必死で
みんな笑ってほしい
と思った
教室に子ども達が来た。
お帰り
ただいま
みんなで自己紹介ゲームをした
じゃーん
よっしゃー!!
やったー
笑った!!!
笑ってくれた
次は
おっ
目が合うだけで
うれしい

その日の夜は
ご飯二杯食べ
K氏の鉄板焼き
ジュー
いつのまにか
ねていた
あきれるK氏
また…
夢は
こわくなかった
ハッ
なぜか私は
髪が伸びていて
よいしょ
結べた!!
おおー!!
と喜んだ
夢…
起きて
夢占いをしてみた
自分で自分の髪を結ぶ夢は
あなたの願望の具現化
おお…
笑ってくれた
あの子をまた
思い出した
休日の始まり

今日は出張だった
残した子どものことが気になる
ケガしてないかな
ちゃんとできたかな
困ってないかな…
…
おつかれ様でした
子ども達はもう帰った時間だったけれど
そわそわして
ブーン
研修が終わっても家ではなく学校に戻る。
学校に戻り、自習に入って下さった先生にお礼を伝え、
戻りました ありがとうございました!
いーえー
教室にあがる
ハァ ハァ
暗い教室の
電気をつける
パ

せんせいおつかれさま
先生しゅっちょうおつかれさま
みんなでがんばったよ
先生明日会おうね
みんなより
私は体育がんばりました
国語のプリント全部おわったよ
ぼくは今日家庭科をがんばりました
明日あえるのたのしみにして
一生懸命
書いてくれたんだろうなあ
うれしいなあ
ありがたいなあ
みんなのやさしさのおかげで先生の心はしあわせでいっぱいです。
せんせー!!
お、おはようございます!
おはよう
へへ

ブーン
……
ブーン
ついにこの日がやって来た
心療内科へ行った話
一ヶ月ほど前 涙が止まらなくなり 自分で自分を「ヤバイ」と思ったので
心療内科を受診することに決めた。
ピポパ
予約はしたものの、
行ったところでどうしたいんだ… 何も変わるわけでもないし…
と、思っていた。
心療内科はとにかく恥ずかしかった
キョロ キョロ
入る時でさえ
えっあの人 悩んでる人なのね…
心弱いのね…
かわいそう
何かあったのかしら…
と思われてきそうで
周りからはやっぱりよく見られたい私なのだ。
知り合いいませんように!
ソワ ソワ
病院の中は人がいっぱいいた。
受付
おどろいたことにみんな"そう見えなかった"
明るくてしっかりしてそうで
どーも!
悩みなさそう…
心の中って本当に見えないんだと改めて感じた。

最近私元気だし…
やっぱり来る必要なかったかも…
うさおさーん こちらへー
最近何がつらいのですか?
教えて下さい
えっと…
何を言ったらいいんだ…
私のことを知らない人に…
えーーと…
二週間前涙がでたんですよね〜
それで…
どうすればいいのか
わからなくなって…
えーっと
でも私大丈夫って思われたいんです
誰にも迷惑かけたくなくて
ポロ
ポロ
ポロ
あららら…
あらら
ティッシュどうぞ
だばーー
ありがとうございます ハンカチあるんで…
ああ私本当はつらかったんだな
少し…お休みをとった方がいいと思うな
そうなんですか…
← ティッシュつかってる
でも子どもが大切なんです
周りの先生達も
自分でのりこえたいんです
じゃ…
三月まで待って下さい
君はエネルギーがあるね。いいこと。
でもムリしないように
へへ…
はい…

心療内科に通う人は、
弱い人でも暗い人でもない
一生懸命生きようとしている人だ
自分が行ってみて、初めてわかった
薬とか治療とかなんか怖いイメージだったけれど
薬は飲みません
オッケー
偏見だった
「特別支援学級」もそうなんだ
大変そう…
あの子…
成績が…
仲間はずれに
みんなどこかで偏見がある。
担任をしてわかった
たくさんの偏見の中で子ども達ががんばっていること
自分が経験したから同じ立場にたてたから
わかることがたくさんあった
だから伝えていく
私にできること

ショボ

いつも どんな 服装なの？

こんにちは

実はちょっと考えています。

じ〜

子ども達は一番教師（とくに背中）を見ている時間が長いと思います。
子どもの色彩感覚を育てる為にもできるだけ黒は着ないようにしています。

絵本のTシャツとか

ちょっとユニークなものとか

おはよう

着てる。ジャージは体育の時のみ。

その年の学年や、一緒に働く先生達によっても変わる。

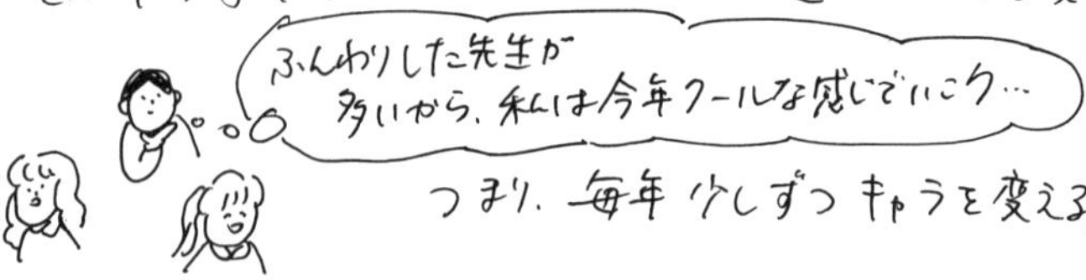
ふんわりした先生が
多いから、私は今年クールな感じでいこう…

つまり、毎年少しずつキャラを変える私。

あと気分にもよる。

月曜日

がんばるぞう！
キリッ
パリッ

金曜日

ハァ
ハァ
だら〜

ちなみに休日はワンピースが多い

楽

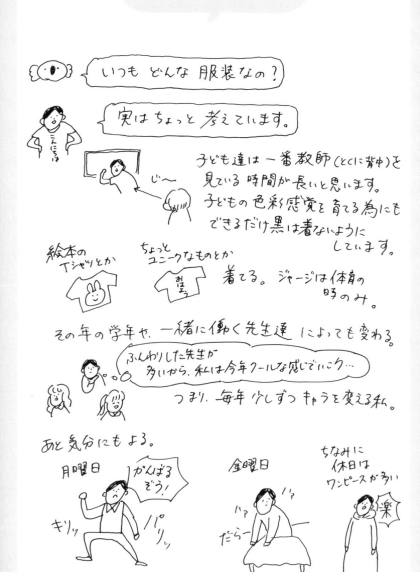

そういえば

始業式後
2年生の子かな?
今年もよろしくねー
せんせいってマンガかいてるせんせーよね
なんの話かな〜?
くねくね
あははおもしろいうごき

今日はバタバタいそがしかった。
えき
ふっ
まもなく1番のりばに
ごそ
ピッ
?
電車がまいります
ごそ
ごそ
ごそ
ピルルルルル
ない
うそだろ…
約5000円はいったSuicaを紛失した話
とりあえず歩いてきたルートをもどる
5000円
5000円…
最悪…
いつもちゃんとカバンに入れないからだ…
もう私ってホントばか…
ああ!
あった

書類をまとめるのが
ヘタだ。
何かにはさんでも
バチッ
はさんだものを探す。
イライラする。
あれ？
こっち？
あれ？
あれ？
ストレス
ねえし

ふと思いたち色つきファイルを購入
100円均一
色つきクリアファイルかってみよう
カラー
書類を種類ごとにわけて入れた
半透明だから見える
大事
しゅくだい
提出
色でどこにあるかすぐわかった
スッ…
そしてクリアファイルなので入れやすい
自分で自分を支援できた…
わかりやすい
ストレス
ギュンッ

休日突入

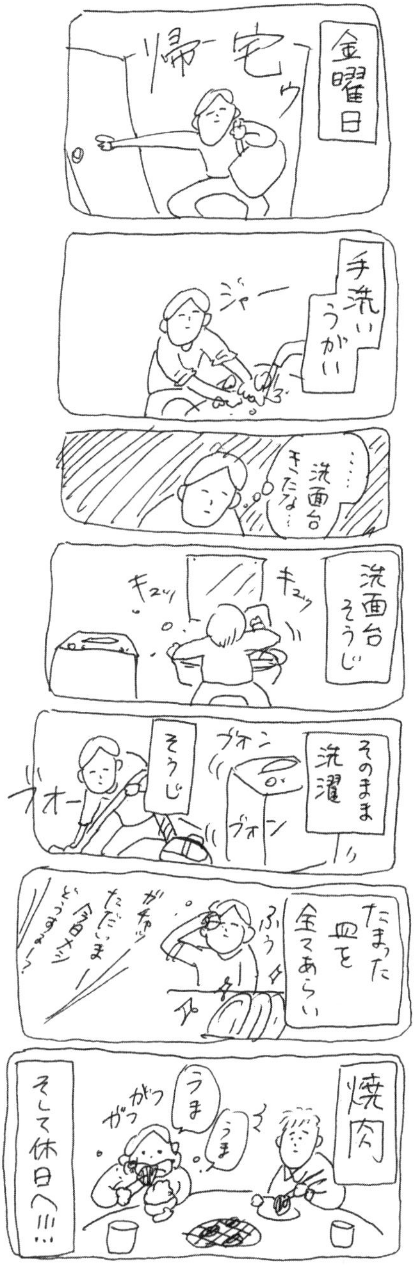
金曜日
帰宅ゥ
手洗い うがい
ジャー
……洗面台きたな…
洗面台そうじ
キュッ
キュッ
そのまま洗濯
ブォン
ブォン
そうじ
ブオー
たまった皿を全てあらい
ふぅ
ガチャッ
ただいま
今日ナニ
どうするー?
焼肉
うま
うま
がつがつ
そして休日へ!!!

色々あって心が爆発しそうだったので
※イメージ
尊敬する先生に
いいかなこれ…迷惑じゃないかな嫌なきもちにしてしまったら申し訳な
ピッ
思い切って連絡
送ってしまった
ごめんなさい…
即電話が来た
感動してすぐでられない
ピロピロ
ポロロン
ケータイ
ピッこんにちはなんでもないです
いやあるやろ声が元気ない
あれがあーでこれがこーで私何もできなくて
バレてる
なるほど。自分よりも相手のことを考えるのは君のよさだけど
よくないところでもあるね
なるほど。
自分が考えすぎなところもあるのだ。その先生の言葉で爆発しなかった。救われた。
人によく見られようとがんばるんじゃなくて
悩みをうちあけて
弱さを知ってもらうのも
大切だな
と、思った

よーし晩ご飯作るぞ!!
何作ろっかなー
玉ねぎと…レタス…
えーっと…
玉ねぎと…
玉ねぎとレタス
玉ねぎレタス玉ねぎレタス
ぐるぐる
えっ何かつくれるん?
え?もうどうすりゃいいん。わからん。
…あれ?
この感覚
どこかで…
そういえば職場でも…
宿題つくって…これを印刷…
えーっとまず宿題?いやこのプリントを
プリント…宿題…でも…
ぐるぐる
PC
同じじゃん
自分が困らないように考えなくちゃなあ…
今日はコレにしよう
この食材買えばいっか
レシピ

ガコッ
ハンカチの話
今日はコレにしよう
先生や子どもとお別れをする時
誕生日の時
よくハンカチをもらう。
柄で誰からもらったか覚えている。
あ〜今日もうまく仕事できるかな…
ガコッ
あ〜〜〜○○先生力をわけて下さい〜
HAHAHA
と、その人に勇気をもらっている
ああ、あの子元気かな…
……
私もがんばろう
と、元気を出すこともある
このハンカチは最高にうれしい時につかおう…
見つめるだけの時も
お守りハンカチありがとう
いってきます

仕事あきらめる
ふぅ
つかれたからヨシ
PC
帰る
明日の授業は…
買い物
今日もエコバッグ忘れた…
帰宅し
お湯をわかしている間に明日の服準備
明日さむいかな
まいっか
飯をつくり
トントン
トン
風呂を洗い
風呂が沸くまで紅茶を一杯
のんびりと仕事したり絵をかいたり

キャベツと レタスの違いが わからないという ことで
本物を持ってきた。
レタスは!?
ちがうところは どこか探してね
つめたーい
わあ
※ちゃんと手洗わせています
めりっ
んしょ
めりっ
めりっ
めりっ
めりっ
!
めりっ
めりっ
めりっ
レタスは むしりにくい
おくが固い!
キャベツは むしりやすい!
いやー 斬新だ…
レタスって重い!

発見!

待つ

花の種を買った
たね
ブーーーン
ベランダで育ててみる
パラパラ
一日目
二日目
三日目
芽
シーーン
出ろよ
私の水のあげ方がまずかった?
うーん
時期?
たね まきすぎ?
どうして…
四日目
ピョコ
ピョコ
わあああああ はじめまして すっごいねえええ
待つことも大事
教育と一緒じゃ…
また一つ学んだ私であった

久しぶりに

前勤務していた学校へ。文化祭を見に。
旦那
つきあわされた
久しぶりだなあ…
こういう時はずかしがり屋モードになるので一人で動けないし子どもの所にも行けやしない。
…
あ、あっちに
いや、やっぱいいや
うう…子どもに会いに来たのに…
ガヤ
ガヤ
ただ今からトイレ休憩に〜
あっ
うさお先生だ！
ワ
せんせー!!
ア゛ー
!
グータッチ
ひさしぶり
にぎにぎ
先生きょねん毎日帰る時
ぼくとグーってしてたね。
おもいだした?

スーパー
P
ブーーン
バッ
バッ
キャベツ
玉ねぎ
サッ
サッ
サッ
焼プリン
プッ
いいのか
いいのかて
大丈夫!!
わたし今日
がんばったよ
うん
買って
いいよ
おつかれ
わたし
帰って食べよっ
K氏が
帰って
くる
までに
こっそり
食べちゃ
サッ
ハッ
……
……
バスク
チーズケーキ
298円
……
……
めっちゃ
うまいわ、
しあわせ〜
ひとくちいる?
いる。
ガッ

教員のみなさーーん さーん さーん
所見(通知表)の時期ですね!!
コツコツ書いてりゃいいのに 私はそんな器用なことができません
おたくは?
土・日で本気出すタイプです
しかし寒い中仕事なんて…できなーい!!!
そんな時、うちは毎年こたつを出すのです
これで快適に仕事が
PC

スリーヒントクイズです
①あかい
②まるい
③くだもの
りんご！
りんご！
りんご!!
せいか〜い
次はめっちゃむずかしくしてやろう
やった〜
①世界一有名
②美人
③やさしい
こんな風にわかりにくいヒントを出すのは
ブッブ
スッ
わかった
せんせい！
せんせいです
こんなのかんたんいです！
せいかい…
はずかしい
先生どしたん

先生もがんばってる

私は
ドーン
運動が苦手!!
先生とび箱とんでみて下さい
聞いてた!?
いや、しかし教師たるもの
先生ー
とんでー
子ども達のお手本にならなければ
くう〜〜
大丈夫
よしよし
ムリしないで
〜〜〜!!
パン
帰りの会
今日のピカイチはうさお先生です
パチ

先生コレ…
てて…
せん…
サッ
あれ
サッ
せんせ…
サッ
ザッ……
美人でかわいい先生!!
はい何でしょう!!

全部たべました

私、帰宅。
ガチャッ
旦那はまだ職場のようだ。
室内スリッパをはき
旦那の室内スリッパを
こうする
めっちゃはきづらくする.
お腹すいたけど、まだ帰ってこないので
風呂
今日の夜は昨晩旦那がつくってくれたうまいカレー。
ブーーン
チンする
お腹すいたから一口(二口)だけ食べて待つ
うっ
※訳:うまい

いつもこう

よし
パタム
あとは家に帰って仕事しよう!
おつかれっしたー
ただいま
お帰りー
ジュ
ジュ
仕事…
仕…
ワハハ
ぐガー
朝
うわああああああ

先生の休み

終業式が終わって
春休み
最初の土日
仕事もしたけれど
カチャ
カチャ
PC
いい天気
お出かけしよう
出かけることにした。
化粧品を買った
どれがいいんやろか
にあう
やろか
新しい服も買った
どうぞ
新商品の香水です
!
くん
いい香り
帰って
ごはんの買い物行って
ごはん食べて
いつもよりしっかり
洗顔して
もこ　もこ
ねる前に
紅茶をいれてみた
体の中からいいにおい
そんな日曜日の夜

〇〇ちゃんってさー
いつもはたらき者だよね〜
すっげーー
それをきちんと見つける君も
すごいと私は思う
な!
ふへ

推理する子どもたち

自分が書いた本をこっそり学級の本棚においている。
うさおマンガ
怪しむ子ども
これ先生の絵そっくりだよ
これ先生がかいたヤツじゃんって
えーでもさ
こういうのは後ろの方にプロフィールがのってるよ!!
かして!!
大分県出身ってかいてある
よし
てとて
先生って大分県出身ですか?
はい
ほら!!
ぜったい
わあ
わあ
よっしゃ!!
直接きかないんだ…

アイドル

今日はみんなでカレーをつくるよ
かれえ
よーし先生もエプロンきるぞ
え!?
うそ!?
うそじゃないよ
うそ!?
きゃっ
うおー!!
おー!!
あたしもそのバンダナもってる
うおー!! 先生いいやん
かわいー
すてき
にあう…
せんせー!! かわいー!!
にあうー!!
かわいい!!
ちょうかわいー!!
かわい

やさしいおこり方

やばい…
漢字を進めるの
と忘れてたァ…
みんな…おこらんでごめん…
ごめん…
本当…これ言ったらおこるかもしれん…
なんですか
言わないとおこりますよ
えっ
かっ…漢字ドリルすすめます…今から…
なんだ
が…がおー!!
が、がおー
おこられたー!!

え――授業の途中ですが
先生は昨日旦那さんとケンカしました
ハイ
悪いのはどっちなんですか
私です
えー!?
ならあやまるべきです
そうか…
でもどーーしてもあやまりたくない!!って時
あるよね
考え中
ある～
あるわ～
わかるわ～
でもやっぱりがんばってあやまる
えらい!
先生その後どうなったか教えて下さい!!

ありがとう自然

ふう…
ブーン
プーン
海を見た
ザザーン…
自然の音が
耳の中へ
心の中へ
わっ
水きた
ザザ…
ホッとした
次の日の朝
雨がふった
ザ
こうやって自然を
感じるって
大切なんだ…

COLUMN

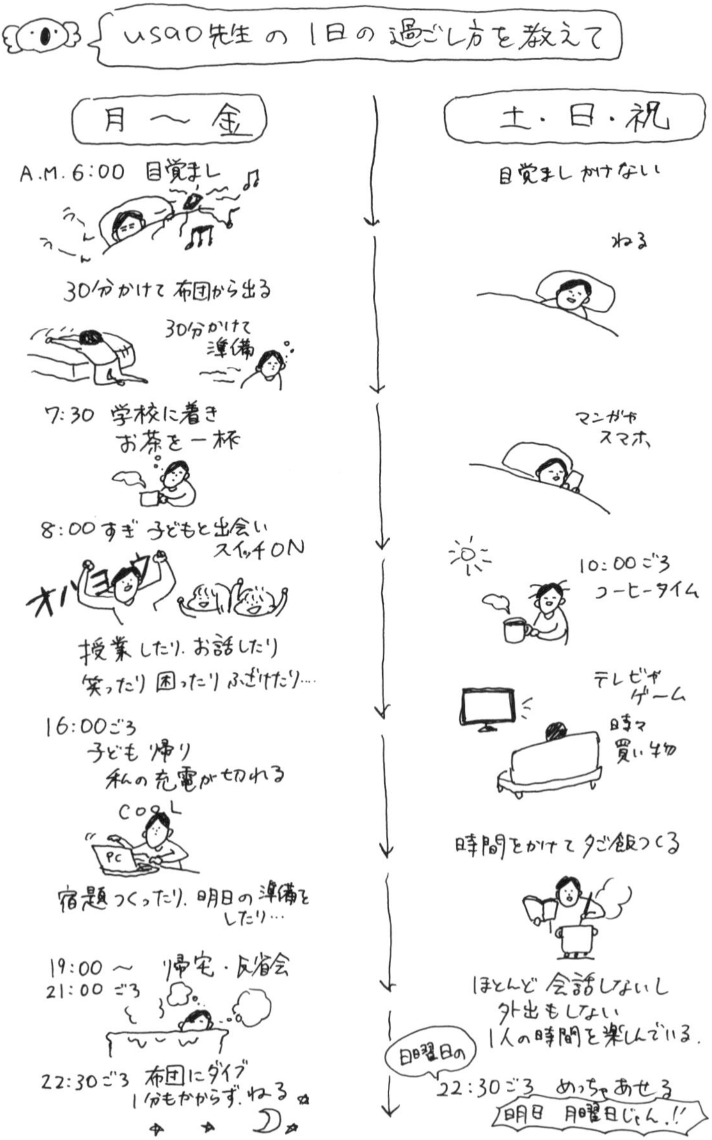
usao先生の1日の過ごし方を教えて
月〜金
A.M.6:00 目覚まし
うーん
うーん
30分かけて布団から出る
30分かけて準備
7:30 学校に着き
お茶を一杯
8:00すぎ 子どもと出会い
スイッチON
オハヨ
授業したり、お話したり
笑ったり 困ったり ふざけたり…
16:00ごろ
子ども帰り
私の充電が切れる
COOL
PC
宿題つくったり、明日の準備をしたり…
19:00〜 帰宅・反省会
21:00ごろ
22:30ごろ 布団にダイブ
1分もかからず、ねる
土・日・祝
目覚ましかけない
ねる
マンガや
スマホ
10:00ごろ
コーヒータイム
テレビや
ゲーム
時々
買い物
時間をかけて夕ご飯つくる
ほとんど会話しないし
外出もしない
1人の時間を楽しんでいる。
日曜日の
22:30ごろ めっちゃあせる
明日 月曜日じゃん!!

それなのに

毎年やってくる春
思い出すことがある
お別れと
ありがとー
引っ越しと
さあこの荷物どうしよ
新しい出会いと
よろしくおねがいしまーす
夜桜
きれいだな。
先の見えない
不安
うっ
うっ

何度も経験しているのに
今年もがんばろう
バッサリ
うじうじしないように髪も切ったのに
あの時とは違ってもう大人なのに
うーん
はやく春が終わってほしい。
そして
早く子どもに会いたいなあ
なんだよ〜
せんせ〜
あの子達は私に泣くヒマを与えず、たくさん悩ませ、私を必要としてくれる。

ごめん

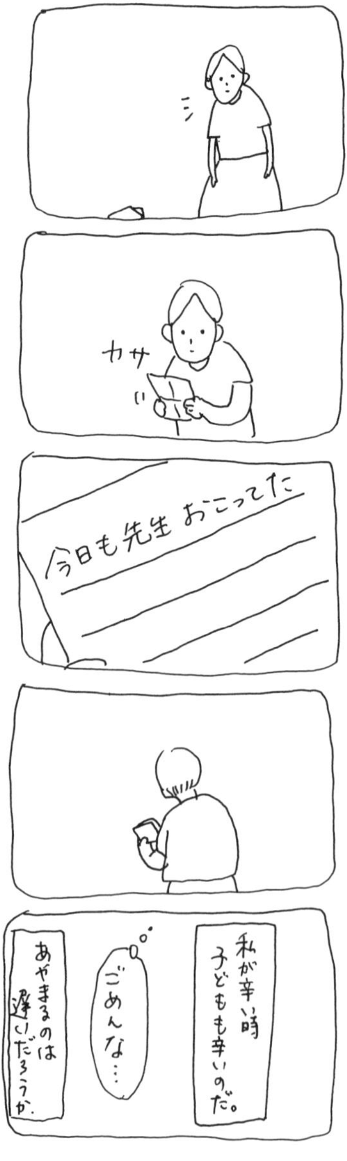

カサ
今日も先生おこってた
私が辛い時
子どもも辛いのだ。
ごめんな…
あやまるのは
違いだろうか.

頭痛

うっ
また頭痛
少し前は毎日だった
いつもいつも痛くて
原因も探れず
明日が来ていた
今日も行かなきゃ
今日も頭が痛くなるのかな
今日はなければいいのに
何年か経つと
そういえば…
いつの間にかなくなっていて
あっ
だけど
ズキ
今
ズキ
ズキ
今だ
わからない
できない
あきれられたかも
嫌われたかも
私なんで
こんな
頭痛い
ズキズキ
泣きそう
なるほど頭痛は
認められず悲しいって泣いてるのか

子ども達を守る学校
子どもの笑顔をつくる学校
泣いている先生もいる学校
助けたい
ザブ
ザブ

どうしてそんなに弱さを出すの？

これが私なんです。

あっ!! 子ども達の前では元気モリモリ笑顔キラキラですよ！

いつも!!

でも、私も同じ心をもった人ですから、嫌な時は嫌って言うし、悪かったと思ったら子どもにあやまるし、時には弱音をはいたり、子どもに相談にのってもらったりすることもあります。大人は、強いわけではなくて、私は、立派な先生じゃなくて、みんなと、同じだよって伝えたい。

「大丈夫だよ。」って、伝えたい。だから弱さを公開している。

私は中学時代、不登校とフリースクールを経験しています。自分の気持ちが言えなくて誰もわかってくれない、といつも悲しかった。

あと私自身も、共感してもらえると うれしい！

でも、たくさんの人と出会って、表現する楽しさを知ったんです。つまずいても、弱音をはいてもいいんだと、必ずうけとめてくれる人はいるんだと、わかったのです。

そして今 ちょっとうるさい性格になりました。

子どもは日々、たくさんの壁と、自分自身と向き合い、頑張っています。たたかっています。

うまくいかなくても、それは失敗じゃないよって、必ず、幸せになるよって、幸せにするよって、伝える為に、私がいると思うのです。

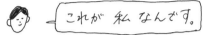

大丈夫

生き辛さを作る私

ブー
生き辛さを作る私
えー私(29)
毎年何もかも
嫌になる時が
あります
嫌なこと
気になることばかり
考えて、考えまくって
これも
あれも
やります
パチ パチ パチ
なのに人一倍
頑張ろうと
するから
きつくなる
考えすぎよ
気にすんなよ
そんな時も
あるよ
大丈夫
うん
ありがとう
わかってる
自分で自分の
首をしめてるのも
「誰かにわかって
ほしい」だなんて
悲劇のヒロイン
みたいになって
いることも
支えてくれる
人だって
たくさん
いる
パッ
パッ
パッ
のに
のに
もうちょっと
自分で自分に
つかれてしまって
一度
何もかも
休みたい
ごめん
そう
思っている

あっ あの…
……
元気ない みたいです けど…
…
ありがとう
大丈夫よ
ブーン
私……何の為に絵かいてるんだろ
そばにいる人もすくえない

一人の人間として

昨年を振り返ると
私は『先生』しかしていなかった気がする
まあ、教師なので当たり前なんですけども。
目の前の仕事と
目の前の子ども達と
行事と 電話と
運営と 他の先生と
宿題と 授業と
お金と アンケートと
レポートと
うう…
うう
うう
…
ああ、ごめんな

自分に余裕がないのに
自分も大切にできていないのに
人を大切になんてできないよな
…
サッ
バ
サッ
サ
私はもっと絵を描いて
人のそばにいて
何かを魅せたい
表現したい
そして
人の役に立ちたい
もっと
先生をしながら
誰かの為に

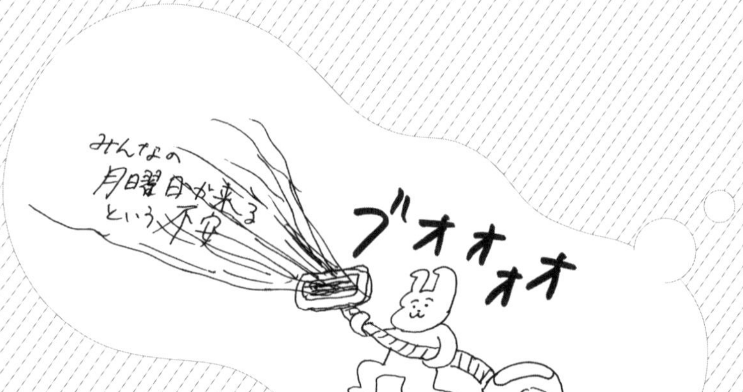
みんなの
月曜日が来る
という不安
ブオオオオ

無理だよ

あれは
よくなかったよ
ねえ聞いた？
調子にのってる
よね
楽しそうで
いいね
いいじゃん
幸せなんでしょ
もっと
こうすれば
よかったのに
それは
ないわ…
気にしなくて
いい
無理だよ

明日が不安で
自分が不安で
もう にげだしたくて
ここまで来ると何も言えなくなる
あ、コレ私しときます
誰もわかってくれない
わかってくれても
迷惑になるだけ
テレビやネットでは人が亡くなったニュース
どうして言ってくれなかった
原因は？一体何が
誰も気付いてあげられ
そうやって人を傷つ
全部自分に言われているようだった
毎日暗い気分だ
ある日落ちこんでいる後輩を発見
自分もいっぱいいっぱいだったけれどやはり放っておけずご飯に誘う。
えっご飯!! ありがとうございます!!
わあ
よかった
居酒屋

彼女の不安を聞きながら
これがあれで
わたしにはムリで
自分の想いと重ねる
わかる
そして
私のあこがれはうさお先生なんです
わ
先生のような人になりたいんです
え
おどろいた。私は、自分自身がまっ暗だと思っていた
もう自分はダメなんだと
でも
そんな私でも
彼女の光になっていたのだ。
本当ですよ
その日の夜中ポストに手紙が入っていた。
教え子の保護者さんだ…
先生が担任の先生で本当によかった
ここにも光
光はあるのだ。

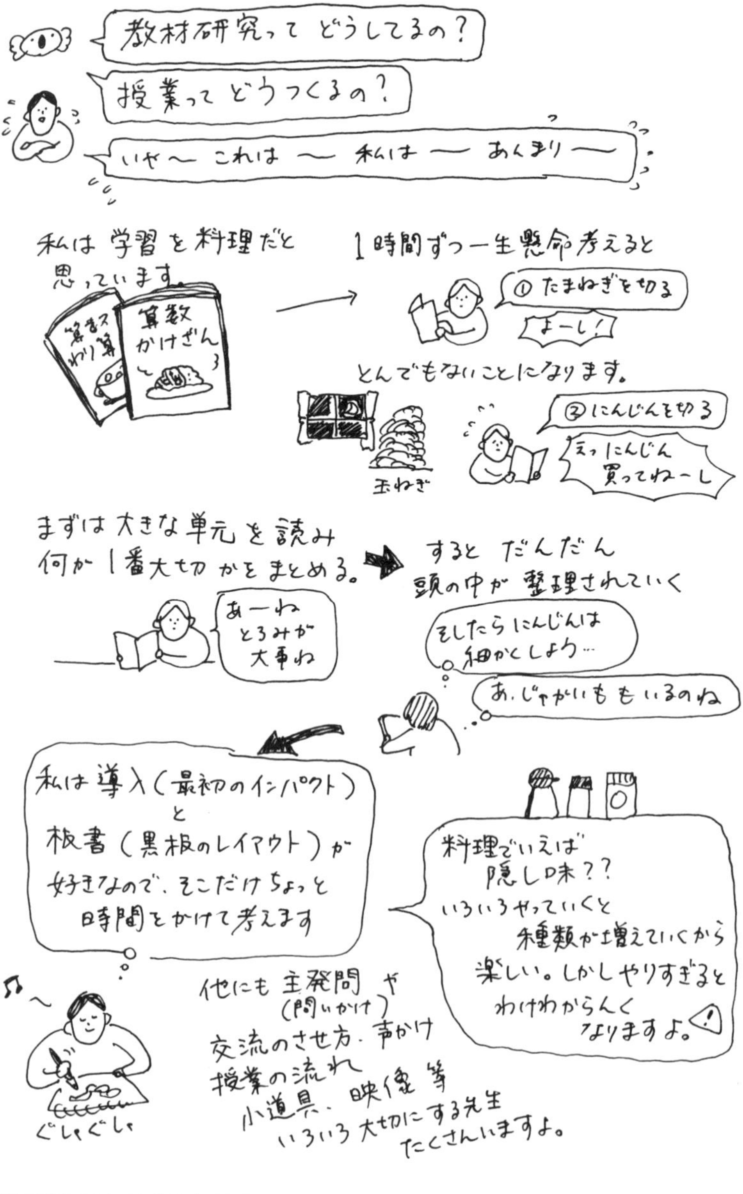
教材研究って どうしてるの？
授業って どうつくるの？
いや〜 これは〜 私は — あんまり —
私は 学習を料理だと思っています。
算数 わり算
算数 かけざん
1時間ずつ一生懸命考えると
① たまねぎを切る
よーし！
とんでもないことになります。
② にんじんを切る
えっ にんじん 買ってねーし
玉ねぎ
まずは大きな単元を読み何が1番大切かをまとめる。
あーね とろみが 大事ね
すると だんだん頭の中が整理されていく
そしたらにんじんは細かくしよう…
あ、じゃがいももいるのね
私は導入（最初のインパクト）と板書（黒板のレイアウト）が好きなので、そこだけちょっと時間をかけて考えます
料理でいえば隠し味？？ いろいろやっていくと種類が増えていくから楽しい。しかしやりすぎるとわけわからんくなりますよ。
他にも主発問（問いかけ）や交流のさせ方、声かけ 授業の流れ 小道具、映像 等 いろいろ大切にする先生たくさんいますよ。
ぐしゃぐしゃ

ともあれ

あたたかい春は、

声

会議中
はい
はい
うーん
そうですね…
…せーい
せーのっ
せんせーい
せーのっ
せんせーい!!
せんせー!!
せんせー!!
せんせーい!
プレゼントもってきたよー!!
ありがと~
いーえ
いーーえ!!

先生！あの、相談したいことがあって
なんだね
あっち！いきましょ ずっと遠くで！
あっちで聞いてほしいんです
もっと もっと こっちで！
？？
えっと
先生！！
いつのまにか囲まれていた…
あ…
ぱく
ぱく
……
あり…
ざわ
ざわ
えっ？
あり…
ほら
が…
……
ほらお前から
なんで
あり…
あり
ありがとうございました
ありが
ありがとう
あり
あー!!
ありがとうございました
ありがとうございました
はいコレ
はい
はいコレ
えっと…… えへへ
はいっコレ
ありが
はいコレ！
コレも

日記

宿題で日記を出した
どれどれ…
ぼくのクラスを
しょうかいします。まず〇〇
〇〇君も足が速くて、〇〇ちゃん
絵がうまいです。〇〇ちゃん
しかも、すごく
さいごに、うさお先生です。
うさお先生は、心を教えてくれま
ぼくの気もちを考えてくれるの
はうれしいです。
うおおお うれしいよオオ
おおお…
ふふ
先生どうしたの〜

卒業式がおわった次の日

そよ
そよ
カチ
コチ
カチ
コチ
3/18 卒業式が おわった次の日の話
カチ
コチ
カチ
コチ
先日、卒業式だった。30分という短い時間だったけれど、
子ども達に伝えることは一つだったので充分だった。
幸せになって下さい。
子ども達はたくさん写真をとっていた
先生もとりましょー!!
わ〜い
パシャ
子ども達のケータイにはたくさん写真が残っていることでしょう。
私は一枚も撮れませんし残りません。
でも思い出や気持ちは写真で残すのが全てではない。
目に見えないものを写真には残らないあたり前のことを大切にしてほしい。
することが何もない…
カチ
コチ
カチ
コチ

私は、次、どんな先生になればいいんだろう
私もまた新たなスタートである。
悩んでいい
間違っていい
いじめられてもいい
一人になっても
友達とうまくいかなくてもいい
人生転んで何が悪い
失敗して何が悪い
それでいい
それでいいから
あきらめないで
自分の人生を生きて
苦しくて苦しくてどうしようもない時は
助けるから
逃げだしたくなった時は
話をきいてやるから
難しくてどうすればいいかわからない時は
一緒に考えてやるから
幸せにすると言った約束は
今日で終わりじゃないから
最後に目をとじて
自分の心の中にある小さな光を想像して消さないで大切にしてね
ずっとあなたの心をあたためるから
その光は……私でありたいと願いながら

卒業、おめでとう

教え子に伝えたいこと、ある？

みんな〜〜〜!!
先生は元気だよ〜〜!!

みなさんは、あなたは、元気ですか。
悩んでいませんか、つまずいていませんか。
いつでも、話を聞くからね。
いつでも、呼んでいいからね。
幸せにすると伝えた約束は、
君たちが大人になっても消えないから。
出会ってくれて、ありがとう。
あなたは私の心をてらす、小さな光です。
これからも。いつまでも。

また、会おう!!

2021.3

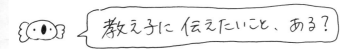

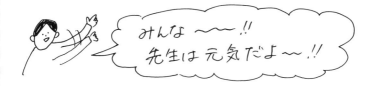

もう一つの卒業式

今年は卒業生の担任でした。
卒業式
いえーい
そして、前勤務していた学校の卒業生も
私が担任した子達。
おめでとうが直接言えないので、祝電を送った。
元気にしてるかな〜
できた
かきかき
よろこんでくれるといいな…
そしてお互いに卒業式

職員室
おめでとう!おつかれさん!
おわったねー!!
usao先生ー!!
あっありがとうございます
お電話ですー ○○学校の子どもだそうですよ
えっ あっはい
もしもし… あっはい お久しぶりです
あっご卒業おめでとうございます
いえいえ
はい はい
え?「外に出て」?
バッ
オオオオオ
どうやってこの学校ってわかったの?
祝電にかいてたから
お母さんとナビで!探してがんばった!!
うさおがいてすぐに先生のだってわかったよ!!
一日で二回目の卒業式

先生の休憩

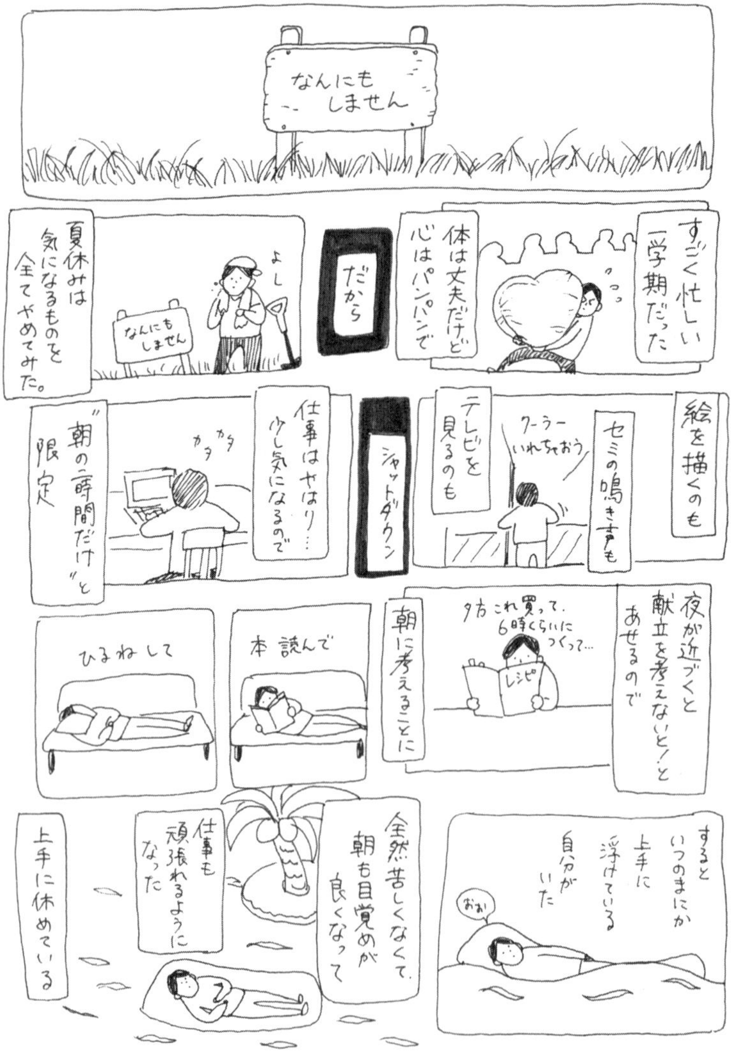
なんにも しません
すごく忙しい一学期だった
体は丈夫だけど心はパンパンで
だから
夏休みは気になるものを全てやめてみた。
よし
なんにも しません
絵を描くのも
セミの鳴き声も
クーラー いれちゃおう
テレビを見るのも
シャットダウン
仕事はやはり…少し気になるので
カタカタ
"朝の二時間だけ"と限定
夜が近づくと献立を考えないと!とあせるので
夕方これ買って、6時くらいにつくって…
レシピ
朝に考えることに
本 読んで
ひるね して
するといつのまにか上手に浮けている自分がいた
おお
全然苦しくなくて、朝も目覚めが良くなって
仕事も頑張れるようになった
上手に休めている

先日
同僚に
アァァァァァ
あれもイヤで
できなくて
あの事も
あれも
おてふき
自分の弱音を吐き散らした
帰りの電車
やってしまった…
恥ずかしくてたまらなかった
本当は聞いてほしいってずっと思っていたのに
ひかれた…絶対ひかれた…
そしてふと思った
弱さを見せても何も変わらないこと
私 動けませーん
弱いので
いつもから回りで
足がはまっていて
そして私は弱いところでウジウジしたくないのが本音で、本当は強くなりたいこと
はまっていてもいいから
頑張りたいし笑顔でいたい
私の良さを活かしたいし
私だけにできることはたくさんある…きっと
ズポ
あっ 歩けます!!
弱音ばかりはいてすみません!
ズン
ずっと動けないと思っていたけど…いけそうです!!
頑張れそうです
ズン
ズン
何年も泥の中にいる気分でしたが
私はようやく…
ふぅ

あらためて思う

私は教育大学出身ですが
本当になりたいのかという疑問もありました
教員採用試験が近づいても熱が入らず
えっ3次まで!? ムリヤ…
そもそもあまり子どもが好きではない
黄色い声が苦手…
感性は好きだけども…
やいやい
やい
何度も
むいてない… 今年こそ辞めよう
と考えるほど（今も）
でも子ども達と関わっていく中で
やっぱり私がなんとかしてあげたい
よしよし
と思うし
時々音がする
先生、やっぱりがんばってみる
子どもの人生が
ありがと！
だっ
変わっていく音
その中に私も少しはかかわっているかもしれないって。
できた～!!
先生とびばことべた～
子どもの中に「私」を見つける。

夢

一度でいいから教育実習生や初任者を指導?支える?仕事をしてみたいなあ…
まあまだ三年目なので
ムリですけどね
不安でいっぱい
学びたい意欲がいっぱいの人を
楽しい
と思わせたい
教師は人間としての一つの生き方をつくるところだと思う。
私もたくさんの先生や子どもと出会って考え方や言葉がかわったな…
だからそのスタートを
一緒に歩む人になりたい
ばびゅん
えぇっ
まあみんなすごいからおいていかれそうですけどね。

自分の気持ちが
言えなかった私は
いじめられている
ことも言えなかった
解決できないまま
変わることが
できないまま
ブーン
何かが欠けたまま
大人になった
でも
むりしないで
よしよし
ありがとう
先生!! ○○君が 手をあげています
すげー!
がんばった! すごい!!
子ども達が
大切なことを
教えてくれる
私の心は
うまっていく

幸せは自分から

土・日も仕事していた私が
よし ドライブ行こう!
思いきって土日何もしないようにした。
旦那とドライブ
ブーーン
そよ
そよ
昔、何かの本で「人を幸せにする為には
「まず自分が幸せにならないといけない」と書いていたのを見た
たしかに
そよ
そよ
そうかも
心に余裕をもつことが大切…

先生昨日
ドライブして
きれいな花を
見つけました!
わー!!

やった!

どんな先生に

授業がうまい先生
子どもが大好きな先生
仕事がはやい先生
私はどんな先生になりたいんだろうか…
あーまじめんどくせー
おうおうどうした
よっ
めんどくさいことがあったのか
……
…あいつにいろいろ言われて
あれしろこれしろって
まじむかつく
ちらっ
わかる
私もさそういう時あるよこいつ〜ってなった
私はこうしてほしかったのに〜って
イライラしてた〜

先生もそんなことあるんだ
うけるー
オレおこられるかと思ってたわ
彼が
笑った
彼の心を見つけた!!
みつけた!
本当に
本当にとなりにいるような気持ちになった
小さいころお母さんにさ〜
それオレもある!!
ああ私は
子どもの心によりそえる先生になりたいな…

あした

何をしても
一人になった時に
ただいま!
ものすごい不安とあせりがやってくる
ズモモモ
く…
とある本に
ピンチはチャンス!
つらくても、たのしいことがまっている!
と書いてあった
そうだよな…がんばろう!!とは
一ミリも思えなくて
なんで思えないんだろう…
それでも明日は来るから
がんばらなくちゃ

そばには

人生うまくいかないことの方が・・・
よろ
多いような気がする
でも
ぐ
えへ〜
私を必要としている人がそばに
なでなで
私の人生を
ポッとあたためてくれる人が
も〜
そばに

自分が小学生の時の担任の先生は
一生懸命な人だった
そしてそばにいてくれた
ゆきちゃん
やさしい
ゆきちゃん
何度も私の名前を呼んでくれた
小学生の時の私はウソつきウソ太郎だったけれど
ウソ
ウソ
ウソ
先生はそんな私を
抱きしめてくれたのだった。
何年も何年もかけてあの先生のようになりたかった。
でもなれなかった。
私は

うさお先生のような先生になりたいんです。
いろいろ教えて下さい!
私のような先生ってなんだろう
まじか…
まじです!
私は…
あこがれの先生じゃなくて
仕事ができる先生じゃなくて
私は私になりたい
素直な人でいたい
一年目はきっと何もないからのびのびできた。
いくよー
何年もかけてしょいこみすぎてしまった。
重たくなったから一度おろして私らしくいこう。
あれ、話がなんかズレてない?
そう?

おわりに

教員って大変やねー
とよく言われる
ええ
そりゃもちろん
教師の良さって何？
うーーん
子ども達のおかげで
がんばれば成長すること
くやしい時は泣いてもいいこと
ありがとうやごめんねの大切さ
言葉の重さを知ることができた。
人は変われることもできるし、
心は見えない所もあるんだと
わかった
想いは届いたら嬉しいよって
弱音も時には、いいんだよって
子ども達が教えてくれた
せんせいへ

教師になって、子ども達の担任になって、
うっ うっ うっ
ごめんねと思ったことがたくさんあった。心を傷つけたこともたくさんあった。
それでも
つらくてもきつくても
先生と会えて私は幸せです。
うさお先生へ
幸せだと言ってくれる人がいる
幸せにしたい人がいる
子ども達がお家の方が先生方が
はいパクーー!!
ポン!!
先生大じょうぶ!!
私の小さな心をどんどん大きくしていく
教師の良さか…
……
うまく言えないや(言では)
えへへ
えーーっ
みんなに会えたから
私は今日も生きていける。

usao（うさお）

1991年大分県生まれ、福岡県在住の小学校教員。講師を4年経験し、現在教諭となり3年目（2021年3月現在）。Twitter（@_usa_ooo）に不思議な生き物「うさお」が登場する「usao漫画」や日常生活を描いた「なんでもない絵日記」を掲載し、大きな話題に。著書に『usao漫画』『usao漫画2』『なんでもない絵日記』（いずれも扶桑社）がある。
好きな食べ物はカレーライス。好きな時間は大切な人たちのとなりにいるとき。あとは寝ているとき。将来の夢はアトリエをひらき、これまで出会った人たちともう一度会うこと。

usaoの先生日記

2021（令和3）年3月12日　初版第1刷発行
2022（令和4）年4月8日　初版第4刷発行

著　者　usao
発行者　錦織圭之介
発行所　株式会社東洋館出版社
〒113-0021　東京都文京区本駒込5丁目16番7号
営業部　TEL 03-3823-9206
FAX 03-3823-9208
編集部　TEL 03-3823-9207
FAX 03-3823-9209
振替　00180-7-96823
URL　https://www.toyokan.co.jp
デザイン　小口翔平＋三沢稜＋須貝美咲（tobufune）
組版　株式会社明昌堂
印刷・製本　岩岡印刷株式会社

ISBN978-4-491-04346-3　Printed in Japan